Petit Ours Brun
achète le pain

Illustrations de Danièle Bour

BAYARD JEUNESSE

Petit Ours Brun
arrive à la boulangerie.
Il dit :
– C'est moi
qui achète le pain !

Petit Ours Brun
regarde sa maman.
Il dit tout bas :
– Je demande quoi ?

Petit Ours Brun
écoute sa maman.
Il dit ensuite :
– Tu me donnes
des sous ?

Petit Ours Brun
se tourne
vers la boulangère.
Il dit d'une petite voix :
– Une baguette !

Petit Ours Brun entend :
– Voilà, bonhomme !
Il dit gentiment :
– Merci, madame.

Petit Ours Brun donne
tout son argent.
La boulangère sourit :
– C'est parfait !

Petit Ours Brun
prend sa baguette.
Il ne dit plus rien,
mais il est très fier !

Petit Ours Brun est un héros des magazines
Popi et *Pomme d'Api.*
Les illustrations ont été réalisées par Danièle Bour.
Les textes de cet album ont été écrits par Marie Aubinais
et l'équipe de rédaction de *Pomme d'Api.*

ISBN : 2-7470-1734-6
Dépôt légal : mai 2005
Loi 49-956 du 16 juillet 1949 sur les publications destinées à la jeunesse.

Imprimé en Italie.